대각성전도집회 다락방 시리즈 11

십자가
사랑의 능력만이

오성현 지음

오정현

열정의 비전 메이커 오정현 목사는 한 사람을 그리스도 안에서 온전한 제자로 세우는 제자훈련을 목회철학으로 삼고 '제자훈련의 국제화'와 '한국 교회 제2의 부흥'을 위해 쉬지 않고 달려가고 있다. 현재 사랑의교회 담임목사이다.

대각성전도집회 다락방 시리즈 11

십자가 사랑의 능력만이

초판 1쇄 발행 2009년 10월 30일
초판 5쇄 발행 2023년 8월 20일

지 은 이 오정현

펴 낸 이 박주성
펴 낸 곳 국제제자훈련원
등 록 제2013-000170호(2013년 9월 25일)
주 소 서울시 서초구 효령로 68길 98(서초동)
전 화 02) 3489-4300 팩 스 02) 3489-4329
이 메 일 dmipress@sarang.org

ISBN 978-89-5731-432-6 03230
978-89-5731-429-6(set)

※ 책값은 뒤표지에 있습니다. 잘못된 책은 구입하신 곳에서 교환해드립니다.

국제제자훈련원은 건강한 교회를 꿈꾸는 목회의 동반자로서 제자 삼는 사역을 중심으로 성경적 목회 모델을 제시함으로 세계 교회를 섬기는 전문 사역 기관입니다.

대각성전도집회 다락방 시리즈 11

십자가
사랑의 능력만이

오정현 지음

국제제자훈련원

:: 교재 사용에 대하여 ::

제자훈련을 하고 있는 교회라면 대각성전도집회를 1년에 한 번씩 갖는 것이 좋다. 제자훈련을 통해 축적된 영적인 힘을 발휘할 수 있는 기회를 만들어주기 때문이다. 또한 교회가 영적으로 수혈을 받고 새롭게 일어나는 계기가 된다. 새로운 생명이 태어나는 산실인 대각성전도집회가 시작되면 교회는 영적인 잔치 분위기를 맛보게 될 것이다.

대각성전도집회는 준비 기간을 길게 두고 치밀한 준비를 해야 한다. 우리 마음에 안주하려는 습성을 깨고 새롭게 힘을 모으기 위해서는 적어도 5~6개월 전부터 치밀한 준비가 있어야 한다. 특별히 소그룹을 중심으로 영적으로 무장하며, 합심하여 기도로 준비하는 것은 대단히 중요하다.

이를 위해 지금까지 전도집회를 앞두고 소그룹에서 사용해 온 교재를 내어놓게 되었다. 다소나마 도움이 되길 바라며, 이 교재를 사용하기 원하면 다음 몇 가지를 참고해 주기 바란다.

1. 이 교재는 소그룹에서 귀납법적인 방법으로 성경을 공부하도록 만들어졌다. 그러므로 지도자는 소그룹 환경에서 귀납법적으로 성경을 공부하는 것이 무엇인지를 반드시 배우지 아니하면 안 된다.
2. 이 교재는 교역자가 매주 소그룹 지도자들을 먼저 예습시킨 다음 사용하게 해야 바람직한 효과를 기대할 수 있다. 평신도에게 던져주고 그들 마음대로 사용하게 하는 것은 좋지 않다.
3. 소그룹에 참석하는 자들은 반드시 미리 예습을 하도록 권장해야 한다.
4. 한 과의 내용을 다 공부하려면 2시간 이상이 필요하다. 그러므로 문제에 따라 답만 찾아보고 넘어가야 할 것과 함께 토의하면서 진지하게 적용해야 할 것을 잘 구별해서 시간 안배를 잘 해야 한다.

CONTENTS

1. 기다리는 아버지 _ 열린 다락방

11 또 이르시되 어떤 사람에게 두 아들이 있는데 12 그 둘째가 아버지에게 말하되 아버지여
재산 중에서 내게 돌아올 분깃을 내게 주소서 하는지라 아버지가 그 살림을 각각 나눠 주
었더니 13 그 후 며칠이 안 되어 둘째 아들이 재물을 다 모아 가지고 먼 나라에 가 거기서
허랑방탕하여 그 재산을 낭비하더니 14 다 없앤 후 그 나라에 크게 흉년이 들어 그가 비로
소 궁핍한지라 15 가서 그 나라 백성 중 한 사람에게 붙여 사니 그가 그를 들로 보내어 돼
지를 치게 하였는데 16 그가 돼지 먹는 쥐엄 열매로 배를 채우고자 하되 주는 자가 없는지
라 17 이에 스스로 돌이켜 이르되 내 아버지에게는 양식이 풍족한 품꾼이 얼마나 많은가 나
는 여기서 주려 죽는구나 18 내가 일어나 아버지께 가서 이르기를 아버지 내가 하늘과 아
버지께 죄를 지었사오니 19 지금부터는 아버지의 아들이라 일컬음을 감당하지 못하겠나이
다 나를 품꾼의 하나로 보소서 하리라 하고 20 이에 일어나서 아버지께로 돌아가니라 아직
도 거리가 먼데 아버지가 그를 보고 측은히 여겨 달려가 목을 안고 입을 맞추니 21 아들이
이르되 아버지 내가 하늘과 아버지께 죄를 지었사오니 지금부터는 아버지의 아들이라 일
컬음을 감당하지 못하겠나이다 하나 22 아버지는 종들에게 이르되 제일 좋은 옷을 내어다
가 입히고 손에 가락지를 끼우고 발에 신을 신기라 23 그리고 살진 송아지를 끌어다가 잡
으라 우리가 먹고 즐기자 24 이 내 아들은 죽었다가 다시 살아났으며 내가 잃었다가 다시
얻었노라 하니 그들이 즐거워하더라

마음의 문을 열며

집 나간 자식을 둔 아버지는 그 순간부터 잠을 이룰 수가 없습니다. 아버지의 귀와 눈은 항상 문을 향해 있습니다. 아버지는 조그마한 인기척에도 마음이 설렙니다. 밥은 먹고 사는지, 잠 잘 곳은 있는지…. 정작 자신은 밥 먹는 것도, 잠자는 것도 잊은 채 아버지는 자식을 걱정합니다.

아버지는 단 한 순간도 자식을 잊은 적이 없지만 자식은 그런 아버지를 생각해 본 적이 없습니다. 그래도 괜찮습니다. 아버지의 유일한 바람은 그저 그 자식이 돌아와 아버지의 품 안에서 풍성히 누리며 사는 것입니다. 오늘 성경 말씀 속에서 우리는 집 나간 아들과 그 아들을 애타게 기다리는 아버지를 만나게 됩니다. 이제 함께 집 나간 아들을 기다리는 아버지의 절절한 심정 속으로 들어가 봅시다.

말씀의 씨를 뿌리며

1. 작은 아들이 아버지께 요구한 것은 무엇입니까? 그 결과 그의 인생에는 어떤 일이 일어납니까?

- 12절/

- 13-14절/

2. 아무런 간섭 없이 자기 마음껏 살아가는 인생을 꿈꾸며 아버지의 곁을 떠났던 작은 아들은 결국 파산하고 비참한 삶을 살게 됩니다(15-16절). 그런 와중에 그가 깨달은 것은 무엇입니까? 그리고 그가 집으로 당장 돌아갈 수 없었던 이유는 무엇이라고 생각합니까?

• 17-19절/

3. 작은 아들의 고민과는 달리 아버지는 어떤 마음으로 아들을 기다리고 있었습니까? 아버지는 재산을 다 허비하고 거지 같은 몰골로 돌아온 아들을 어떻게 대하고 있습니까?

• 20절/

• 22-23절/

4. 아버지가 돌아온 아들을 위해 성대한 잔치를 베푼 이유는 무엇이라고 생각합니까? 이런 모습 속에서 엿볼 수 있는 아버지의 마음은 무엇입니까?

• 24절/

5. 아버지의 마음은 아들의 행위와 상관없이 항상 사랑으로 가득합니다. 자기 몫의 재산을 요구했을 때도, 아버지를 떠나가 버렸을 때도, 실패하고 돌아왔을 때도 말입니다. 바로 이것이 자녀들을 향한 하나님 아버지의 마음입니다. 이런 아버지의 사랑을 보며 당신은 무엇을 느끼십니까?

6. 다음 글을 읽고 느낀 점을 나누어 봅시다.

헨리 나우웬은 「탕자의 귀향」이라는 책에서 렘브란트의 그림을 다음과 같이 자세히 설명하고 있습니다.

아버지의 두 손은 아주 대조적이다. 아들의 어깨를 어루만지는 그 아버지의 왼손은 강하고 힘이 있어 보이고 그 손가락들은 쫙 펴진 채 탕자의 어깨와 등을 크게 덮고 있다. 마치 강하게 붙잡고 있는 것처럼 보인다. 반면 그 아버지의 오른손은 부드러우며 매우 다정해 보인다. 그 손은 어루만지며 쓰다듬고 위로와 평안을 수는 어머니의 손과 같다. 힘 있는 왼손으로 붙잡아주고 부드러운 오른손으로 어루만져 준다. 왼손은 확신을, 오른손은 위로를 주고 있다. 참으로 그분은 부성과 모성을 완벽하게 소유하고 계신 하나님이시다.

부드럽게 어루만지는 오른손은 이사야의 말씀을 떠올리게 한다. “여자가 자기의 젖 먹는 아이를 잊겠느냐? 자기가 낳은 아이를 불쌍히 여기지 않겠느냐? 혹시 어머니가 자기 아이를 잊는다 하더라도 나는 너를 잊지 않겠다. 보아라. 내가 네 이름을 내 손바닥에 적었다”(이사야 49:15-16상, 쉬운성경).

그 아버지의 어머니 같은 손은 그 아들의 상처입은 맨발과 대비를 이루고 아버지 같은 손은 헤진 샌달을 신은 발과 대비를 이룬다. 한 손은 그 아들의 약한 부분을 보호해 주고, 다른 한 손은 인생을 새롭게 출발할 수 있는 힘과 열심을 아들에게 다시 심어준다고 생각할 수 있다.

또한 아버지의 굽어진 몸을 덮고 있는 붉은 외투는 그 따뜻한 색상과 아치 모양이 거하기에 좋은 환영의 처소, 마치 어미새의 날개와 같은 인상을 준다. 암탉이 그 새끼를 날개 아래 안전하게 모으듯이 하나님께서 자기 자녀들에게 주시는 안전을 표현하고 있다.

삶의 열매를 거두며

"여인이 어찌 그 젖 먹는 자식을 잊겠으며 자기 태에서 난 아들을 긍휼히 여기지 않겠느냐 그들은 혹시 잊을지라도 나는 너를 잊지 아니할 것이라 내가 너를 내 손바닥에 새겼고…"(이사야 49:15-16상).

하나님 앞에서 우리 모두는 본문에 나오는 작은아들과 같습니다. 그 누구도 작은아들처럼 자신의 욕심을 위해 하나님의 마음을 아프게 하지 않은 사람이 없습니다. 그러나 현재 자신의 모습이 어떠하든 하나님 아버지는 "설령 어미는 그 젖먹이를 잊을지라도 나는 너를 잊지 아니할 것이라"고 말씀하십니다. 하나님은 당신을 손바닥에 새겨 놓은 채 오늘도 당신을 기다리고 계십니다. 오늘 이 자리가 작은아들을 기다리시고 돌아온 아들을 위해 잔치를 베푸시는 하나님 아버지의 풍성한 사랑을 경험하고 나누는 자리가 되기를 바랍니다.

2. 십자가 사랑의 능력만이

13 우리가 만일 미쳤어도 하나님을 위한 것이요 정신이 온전하여도 너희를 위한 것이니 14
그리스도의 사랑이 우리를 강권하시는도다 우리가 생각하건대 한 사람이 모든 사람을 대
신하여 죽었은즉 모든 사람이 죽은 것이라 15 그가 모든 사람을 대신하여 죽으심은 살아
있는 자들로 하여금 다시는 그들 자신을 위하여 살지 않고 오직 그들을 대신하여 죽었다가
다시 살아나신 이를 위하여 살게 하려 함이라 16 그러므로 우리가 이제부터는 어떤 사람도
육신을 따라 알지 아니하노라 비록 우리가 그리스도도 육신을 따라 알았으나 이제부터는
그같이 알지 아니하노라 17 그런즉 누구든지 그리스도 안에 있으면 새로운 피조물이라 이
전 것은 지나갔으니 보라 새 것이 되었도다 18 모든 것이 하나님께로서 났으며 그가 그리
스도로 말미암아 우리를 자기와 화목하게 하시고 또 우리에게 화목하게 하는 직분을 주셨
으니 19 곧 하나님께서 그리스도 안에 계시사 세상을 자기와 화목하게 하시며 그들의 죄를
그들에게 돌리지 아니하시고 화목하게 하는 말씀을 우리에게 부탁하셨느니라 20 그러므로
우리가 그리스도를 대신하여 사신이 되어 하나님이 우리를 통하여 너희를 권면하시는 것
같이 그리스도를 대신하여 간청하노니 너희는 하나님과 화목하라 21 하나님이 죄를 알지도
못하신 이를 우리를 대신하여 죄로 삼으신 것은 우리로 하여금 그 안에서 하나님의 의가
되게 하려 하심이라

마음의 문을 열며

앞서 바울은 그와 모든 신자들이 이후 그리스도의 심판대 앞에 설 것을 피력하면서, 긴박감을 가지고 그의 사역의 핵을 이루는 복음전파를 권면하고 있습니다. 특별히 바울은 자신을 새롭게 하고 자신을 새롭게 일으킨 사랑의 힘을 보고하고 있습니다. 바울이 날마다 깊이 체험했던 사랑의 샘은 예수 그리스도의 십자가였습니다. 그것을 묵상할 때마다 새 힘이 솟았고 그 샘에서 한 컵 두 컵 마실 때마다 세상이 두렵지 않았습니다. 사람이 두렵지 않았습니다. 심지어 죽는 것도 두렵지 않았습니다.

본 과는 대각성전도집회를 준비하기 위한 일회성 말씀이 아닙니다. 오히려 우리를 향한 주님의 큰 사랑을 확인하고 그 사랑에 반응하면서 행복한 소명으로 무장하는 시간입니다. 실제로 전도하다 보면 내가 전도받는 그 대상을 살리는 것이 아니라, 오히려 전도하는 내 영혼이 사는 것을 느끼게 됩니다. 그런 차원에서 복음을 듣는 영혼도 살고, 복음을 전하는 나도 사는 '영적 상생의 원리'를 확인할 수 있길 바랍니다.

말씀의 씨를 뿌리며

1. 바울은 대적들로부터 미쳤다는 비난을 들을 정도로 복음에 헌신되어 있었습니다(13절). 14절을 다시 한번 읽어 보십시오. 무엇이 그로 하여금 평생 고난과 멍에를 짊어지고 예수의 흔적을 몸에 새기면서까지(갈라디아서 6:17) 기꺼이 복음의 제물되는 삶에 헌신하게 만들었습니까?(참고/로마서 5:8, 8:32-39)

   • 14절 /

* 로마서 5:8, 8:32-39 우리가 아직 죄인 되었을 때에 그리스도께서 우리를 위하여 죽으심으로 하나님께서 우리에 대한 자기의 사랑을 확증하셨느니라 자기 아들을 아끼지 아니하시고 우리 모든 사람을 위하여 내주신 이가 어찌 그 아들과 함께 모든 것을 우리에게 주시지 아니하겠느냐 누가 능히 하나님께서 택하신 자들을 고발하리요 의롭다 하신 이는 하나님이시니 누가 정죄하리요 죽으실 뿐 아니라 다시 살아나신 이는 그리스도 예수시니 그는 하나님 우편에 계신 자요 우리를 위하여 간구하시는 자시니라 누가 우리를 그리스도의 사랑에서 끊으리요 환난이나 곤고나 박해나 기근이나 적신이나 위험이나 칼이랴 기록된 바 우리가 종일 주를 위하여 죽임을 당하게 되며 도살 당할 양 같이 여김을 받았나이다 함과 같으니라 그러나 이 모든 일에 우리를 사랑하시는 이로 말미암아 우리가 넉넉히 이기느니라 내가 확신하노니 사망이나 생명이나 천사들이나 권세자들이나 현재 일이나 장래 일이나 능력이나 높음이나 깊음이나 다른 어떤 피조물이라도 우리를 우리 주 그리스도 예수 안에 있는 하나님의 사랑에서 끊을 수 없으리라

2. 바울은 전에 비방자요, 박해자요, 폭행자였던(디모데전서 1:13) 자신을 새로운 피조물로 삼으신 그 사랑과, 세상 모든 사람들이 하나님과 화목하길 원하시는 그 사랑에 이끌려 사역을 감당했습니다. 단순히 그 사랑을 느끼거나 감동하고 기억하는데서 그치지 않았습니다. 그리스도의 죽음에 나타난 사랑 때문에 평생 그 사랑에 빚진 자로서 그 사랑의 효력을 전하고 다녔습니다. 당신도 이렇게 고백할 수 있습니까? 복음을 전하도록 당신의 행동을 추진하는 사랑은 어떤 사랑입니까?

3. 예수께서 이같이 큰 사랑을 보이신 이유는 무엇입니까? 그렇다면 그 십자가에서 흘러나오는 하나님의 사랑으로 인해 당신의 인생 목적은 얼마나 바뀌었습니까?

• 15, 20절 /

4. 다음 내용을 읽고 21절의 의미를 깊이 묵상해 보십시오.

누군가를 향해 "너는 죄야!"라고 말하는 것은 굉장히 무섭고 험한 말입니다. 그의 악함을 표현하는 최상급의 말입니다. 그런데 하나님께서는 예수 그리스도를 죄로 삼으셨다고 말씀하십니다(21절). 하나님이 예수를 죄처럼 취급해 버린 사건이 바로 십자가의 죽음입니다. 예수님은 나를 대신하여 아예 죄 덩어리가 되어 온갖 괄시를 받으며 십자가에서 죽으셨습니다. 그곳에 조금이나마 예수님이 인간 취급을 받은 내용이 나옵니까? 인간 대우는 커녕 저주 받은 자가 되어 짐승처럼 십자가에 달리셨습니다. 마치 제사장이 제물로 삼을 짐승을 잡아 나쁜 것은 제해 버리고 각을 떠 단 위에 올린 후 뜨거운 불로 전부 태우는 것처럼 말입니다. 이것이 예수님이 죄가 되셨다는 의미입니다.

5. 바울이 '새로운 피조물'이라고 언급할 때는 단순히 예수 믿었다는 것으로 끝나지 않습니다. 그리스도 안에 있는 모든 사람은 그의 죽음과 부활에 참여한 자요, 그리스도를 따르는 자라고 주장하고 있습니다(15-17절). 만일 우리가 예수를 믿을 뿐만 아니라 그로 말미암아 삶의 원동력, 가치관, 생의 목적까지 근본적으로 바뀌는 새로운 피조물로서의 차별성을 가지고 세상 앞에 나간다면 어떠한 일이 벌어지겠습니까?

6. 복음의 목표는 세상의 화목입니다. 바울은 5장 18절에서 20절까지 '화목하게 하다'와 '화목'이라는 말을 5번이나 반복하고 있습니다. 이 화목의 내용은 무엇이며, 화목하게 하신 중요한 목적은 무엇입니까?

7. 국제전도폭발 한국본부에서 조사한 통계에 따르면, 2005년 한 해 복음을 제시한 5,408명 가운데 3,452명이 결신하여 63.8%의 결신률을 거두었습니다. 특히 남자보다는 여자가, 중년세대보다는 20~30대의 젊은 세대가, 노방전도보다(53.9%) 관계전도(69%)가 그 결신률이 높은 것으로 나타났습니다. 이처럼 10명 중 적어도 6명이 복음을 듣는다는 사실은 우리에게 큰 용기와 희망을 줍니다. 입다물고 있으면 우리도 망하고 나라도 망합니다. 나의 신분이 그리스도의 정권을 위임받은 대사라는 사실을 잊지 말고 남은 기간 태신자들과 어떻게 막바지 접촉을 할 것인지 나누어 보십시오.

8. 다음 글을 읽고 느낀점을 나누어 봅시다.

수많은 사람들이 교회를 드나들면서도 예수 때문에 복 받고 싶은 사람은 많지만 그의 복음을 위해서 죽으려고 하는 사람은 너무나 적습니다. 이것이 오늘날 기독교와 공산주의의 차이점입니다. 오늘날 기독교는 도무지 희생을 치르려고 하지 않습니다. 하지만 피를 많이 흘린 쪽이, 희생을 많이 치른 쪽이 이기게 되어 있습니다. 예수님이 막스와 레닌보다도 못합니까? 복음이 공산주의보다도 못합니까?

교회에 드나드는 수많은 사람들이 자기 욕심을 채우기 위해 예수를 믿지, 희생하고 죽기 위해서 예수를 믿지 않습니다. 희생하지 않으려는 사람은 힘이 없습니다. 자기에게 어떤 손해나 위험이 올 때면 여지없이 도망가버리기 때문에 그 수가 아무리 많아도 가랑잎에 불과합니다.

다음은 과거 한 때 공산주의 사상에 심취한 젊은이가 자기 약혼녀에게 보낸 편지의 일부인데, 한 번 이 젊은이와 우리가 얼마나 다른지 보십시오. 당시 이 편지를 접한 아버지가 너무 기가 막혀 빌리 그래함 목사님에게 보내어 공개된 내용입니다.

"우리 공산주의자들은 대단히 많은 희생을 치릅니다. 총살을 당하고, 교수형을 당하고, 조롱거리가 되고, 직장에서 쫓겨나기도 합니다. 우리는 실제로 가난하다는 것을 자랑스럽게 받아들이고 있습니다. 우리는 생계를 유지하는데 필요한 최소한의 액수를 제외하고는 한 푼도 남김없이 공산당 사업에 투자합니다. 우리는 영화를 보거나, 음악회에 참석하거나, 암소 갈비를 뜯거나, 좋은 집을 사거나, 새 자동차를 사는 일에 시간과 돈을 투자하지 않습니다. 우리의 생활은 세계 공산화를 위한 투쟁이라는 목표 아래서 지배를 받고 있습니다. 우리는 돈으로 절대 살 수 없는 철학을 가지고 있습니다. 우리는 싸워야 할 이유와 살아야 할 궁극적인 목적을 가지고 있습니다. 내가 마음을 다 쏟고 있는 것은 단 한 가지입니다. 공산주의를 위해서 하는 이것입니다. 이것이 바로 나의 생명이요, 나의 직업이요, 나의 종교요, 나의 취미요, 나의 애인이요, 나의 아내요, 나의 방이요, 나의 속입니다. 이것 때문에 나는 밤낮없이 일합니다. 이것 때문에 나는 감옥에도 자주 갇혔고, 필요하다면 총살도 당할 각오를 하고 삽니다."

삶의 열매를 거두며

이 세상의 진정한 희망은 무엇입니까? 우리 주변에 믿지 않는 사람들을 예수 믿게 하여 나와 같이 새롭게 변화된 사람을 만드는 길 외에는 이 나라에 소망이 없습니다. 이것만이 이 나라가 사는 길이요, 이 민족을 구원할 수 있는 길입니다. 주님은 할 수 없어서가 아니라 우리를 너무나 사랑하셔서 생명까지 주셨습니다. 그분의 생명이 나를 바꾸지 못한다면, 그분의 죽음이 나를 완전히 새로운 사람으로 바꾸지 못한다면, 어쩌면 나는 십자가와는 동떨어진 자인지 모릅니다. 이 시간 우리의 가슴에 십자가 사랑을 회복시켜 달라고, 이 사랑의 능력으로 영혼을 살리고 나라를 살리고 민족을 살리게 해달라고 기도하며 나아갑시다.

에스겔 3:1-11

3. 포기할 수 없는 파수꾼의 사명

1 또 그가 내게 이르시되 인자야 너는 발견한 것을 먹으라 너는 이 두루마리를 먹고 가서
이스라엘 족속에게 말하라 하시기로 2 내가 입을 벌리니 그가 그 두루마리를 내게 먹이시
며 3 내게 이르시되 인자야 내가 네게 주는 이 두루마리를 네 배에 넣으며 네 창자에 채우
라 하시기에 내가 먹으니 그것이 내 입에서 달기가 꿀 같더라 4 그가 또 내게 이르시되 인
자야 이스라엘 족속에게 가서 네 말로 그들에게 고하라 5 너를 언어가 다르거나 말이 어려
운 백성에게 보내는 것이 아니요 이스라엘 족속에게 보내는 것이라 6 너를 언어가 다르거
나 말이 어려워 네가 그들의 말을 알아 듣지 못할 나라들에게 보내는 것이 아니니라 내가
너를 그들에게 보냈다면 그들은 정녕 네 말을 들었으리라 7 그러나 이스라엘 족속은 이마
가 굳고 마음이 굳어 네 말을 듣고자 아니하리니 이는 내 말을 듣고자 아니함이니라 8 보
라 내가 그들의 얼굴을 마주보도록 네 얼굴을 굳게 하였고 그들의 이마를 마주보도록 네
이마를 굳게 하였으되 9 네 이마를 화석보다 굳은 금강석 같이 하였으니 그들이 비록 반역
하는 족속이라도 두려워하지 말며 그들의 얼굴을 무서워하지 말라 하시니라 10 또 내게 이
르시되 인자야 내가 네게 이를 모든 말을 너는 마음으로 받으며 귀로 듣고 11 사로잡힌 네
민족에게로 가서 그들이 듣든지 아니 듣든지 그들에게 고하여 이르기를 주 여호와의 말씀
이 이러하시다 하라

마음의 문을 열며

성경에 등장하는 인물들을 살펴보면 하나님이 어떤 일을 맡기려고 부르실 때 선뜻 응하는 경우가 드뭅니다. 대부분 하나님의 부르심에 주저하거나 거절하는 반응을 보이기 일쑤입니다. 에스겔 역시 그런 부류 중 한 사람이었던 것으로 보입니다. 성경에 직접적인 기록이 없다 하더라도 하나님이 에스겔을 다루시는 과정을 보면 그가 얼마나 주저하고 두려워했는지 쉽게 짐작할 수 있습니다. 이러한 에스겔을 위해 하나님은 그가 무엇을 가지고, 누구에게 가서, 어떻게 전해야 할 것인지 사전에 철저하게 준비시키셨습니다.
과거 바벨론 그발 강가에서 에스겔을 부르신 하나님은 오늘 세속화의 급류 한 가운데서 우리를 부르고 계십니다. 예나 지금이나 복음의 파수꾼이 절실히 필요한 시대입니다. 어느 시대든지 복음이 필요치 않을 만큼 완전한 시대는 없기 때문입니다. 이 시간 말씀을 통해 우리 모두 금강석 같이 굳센 복음의 파수꾼으로 준비되는 은혜가 있길 바랍니다.

말씀의 씨를 뿌리며

1. 이스라엘이 바벨론에 끌려가 그 이름 만큼이나 척박한 델아빕(Telabib, 홍수로 폐허가 된 곳)에서 포로생활하던 무렵, 에스겔은 그발 강가에서 하나님의 부르심을 받게 됩니다. 에스겔을 파수꾼으로 준비시키기 위한 하나님의 첫 번째 지시사항은 무엇입니까?

   • 1-3절(2:8)/ ....

2. 하나님은 그동안 듣기만 했고 읽기만 했던 두루마리 말씀을 먹으라는 다소 황당한 말씀을 하십니다. 그것도 안팎에 애가와 애곡, 재앙의 말로 빼곡히 기록된 가죽 두루마리를 말입니다(2:10). 왜 이 같은 요구를 하셨을까요?

3. 에스겔은 하나님이 주시는 두루마리 말씀을 먹었습니다. 그것은 에스겔 자신이 메시지 그 자체였음을 의미합니다. 그가 행하는 모든 행동은 바로 하나님의 뜻을 전하는 메시지였습니다. 이를 위해 말씀을 먹었지만, 그것은 실로 입에 담기 어려운 장송곡이나 다름 없었습니다. 입에는 꿀같이 달지만 그것을 다시 토해내기에는 너무나도 힘든 주제였습니다. 주께서 당신의 입에 넣어 주신 말씀은 무엇입니까? 태신자를 향해 당신이 온몸으로 전해야 할 복음의 말씀은 무엇입니까?

4. 하나님은 에스겔을 자기 동족에게로 보내십니다(5–6절). 하지만 그들은 이방인보다도 더 힘든 전도대상이었습니다. 이스라엘은 정치적 반역 행위를 가리키는 용어인 '패역', '배반', '범죄' 라는 말로 일컬어질 정도로(2:3), 의도적으로 하나님을 대항하고 거역한 백성들이었습니다. 이러한 어려운 사명 앞에 에스겔의 심정은 어떠했겠습니까?

• 7–9절/

5. 하나님은 아무런 준비도 없이 막무가내로 전도현장에 보내시는 분이 아닙니다. 우리는 기독교에 대한 반감이 노골적으로 표면화된 척박한 전도현장에 서 있습니다. 오늘 우리에게 주시는 든든한 메시지는 무엇이며, 흔들림 없는 당부는 무엇입니까?

• 8–9절/

• 10–11절/

6. 주님은 오직 성령이 너희에게 임하시면 너희가 권능을 받는다고 말씀하셨습니다(사도행전 1:8). 성령의 권능은 담대함과 직결되는 중요한 요소입니다. 사도행전에 나오는 전도자들은 하나같이 담대하게 하나님의 말씀을 전했습니다. 이 사실을 다음 구절들을 통해 확인해 보십시오.

- 베드로(사도행전 4:13-15, 19-20, 29-31) /

- 스데반(사도행전 6:10, 15, 7:55-56) /

- 바울(사도행전 26:25-26, 29) /

7. 이스라엘 백성들이 하나님의 말씀을 귀담아 들을 가능성이 전무함에도 에스겔을 보내시는 것은 상식적으로 납득이 안됩니다. 조금이라도 들을 가능성이 있을 때 선지자를 보내는 것이 현명하다고 판단되기 때문입니다. 그럼에도 불구하고 선지자를 파송하시는 데는 어떤 하나님의 뜻이 있다고 봅니까? 당신은 이 뜻을 깨달아 전하고 있습니까?

8. 다음 글을 읽고 느낀 점을 이야기해 봅시다.

소돔 성이 하나님의 심판을 받아 멸망을 앞두고 있을 때까지, 심지어 유황불이 떨어져 성이 망하는 그날 아침까지, 성문에 서서 날마다 하나님의 말씀을 외친 어떤 노인이 있었다고 합니다. 우화인지 야사인지는 모르지만 이 이야기에는 우리가 귀담아 들어야 할 중요한 의미가 담겨 있습니다.

어느 날 하나님의 말씀을 외치고 있는 그 노인에게 찾아가서 누군가 물었습니다. "할아버지, 아무리 할아버지가 외쳐도 사람들은 변화되지 않는데 왜 쓸데없이 날마다 외치고 있습니까?" 그러자 노인이 이렇게 대답했다고 합니다. "나는 그들이 나를 변화시키지 못하도록 계속 외치고 있소."

소돔과 고모라는 굉장히 악한 도성입니다. 아무리 의로운 롯과 같은 사람이라도 자기도 모르는 사이에 점점 소돔 사람을 닮아 가고 있었습니다. 이 노인은 자기도 가만히 있다가는 나중에 소돔 사람처럼 되어 하나님의 심판을 받게 될지 모른다는 위기감을 갖게 되었습니다. 그래서 하나님의 말씀을 외치기로 선택했습니다. "내가 외치고 있는 이상, 나는 소돔 사람이 되지 않는다. 내가 외쳐도 소돔 사람은 안 들을지 모르지만, 적어도 나는 소돔 사람을 닮아가지는 않을 것이다. 외치고 있는 이상 나는 건재하다."

오늘날 우리도 이런 상황에 놓여 있지 않습니까? 예수님을 믿지 않고 세상을 즐기다가 생사의 기로에 놓인 사람을 보아도 불쌍히 여기는 마음 없이 입 다물고 있지는 않습니까? 그렇다면 분명한 사실이 하나 있습니다. 자신도 모르게 세상 사람을 닮아가고 있다는 것입니다. 내가 입을 다물고 있기 때문에 세상 사람 쪽으로 끌려가는 것입니다. 그러나 성령의 담대함을 가지고 하나님의 복음을 듣든지 아니 듣든지 외치면, 세상도 구원하고 나도 구원합니다. 내가 만약 담대하게 외치기를 거부하면,

세상도 구원하지 못하고 나도 구원하지 못합니다. 잠잠한 교회는 결국은 세상을 닮아가게 되어 있고, 세상을 닮아가는 교회는 반드시 쇠퇴하게 되어 있습니다. 서구 교회가 그 단적인 예입니다. 전도는 일차적으로 사람들을 구원하기 위함이지만 결과적으로 내가 사는 길이요, 교회가 사는 길인 것입니다.

삶의 열매를 거두며

하나님께서 에스겔을 파수꾼으로 부르셨지만 이스라엘 백성들이 돌이킬 가능성은 거의 없었습니다. 그런 상황에서도 에스겔은 목숨을 걸고 파수꾼의 역할을 다하도록 부르심을 받았습니다. 우리 역시 이 시대에 부름 받은 하나님의 파수꾼입니다. 전력을 다해 외쳐도 귀 기울이지 않는 지독한 무관심이 자욱하다 할지라도, 세속적인 목적으로 교회를 다니려는 신앙적 가벼움이 앞선다 할지라도 우리는 전해야 합니다. 이번 대각성전도집회에 인도할 태신자들의 명단을 각자 소개하면서 어떻게 전할 것인지 나누고 함께 기도하는 시간을 가지십시오.

4. 가장 긴박한 일

26 노아의 때에 된 것과 같이 인자의 때에도 그러하리라 27 노아가 방주에 들어가던 날까지
사람들이 먹고 마시고 장가 들고 시집 가더니 홍수가 나서 그들을 다 멸망시켰으며 28 또
롯의 때와 같으리니 사람들이 먹고 마시고 사고 팔고 심고 집을 짓더니 29 롯이 소돔에서
나가던 날에 하늘로부터 불과 유황이 비오듯 하여 그들을 멸망시켰느니라 30 인자가 나타
나는 날에도 이러하리라 31 그 날에 만일 사람이 지붕 위에 있고 그의 세간이 그 집 안에
있으면 그것을 가지러 내려가지 말 것이요 밭에 있는 자도 그와 같이 뒤로 돌이키지 말 것
이니라 32 롯의 처를 기억하라 33 무릇 자기 목숨을 보전하고자 하는 자는 잃을 것이요 잃
는 자는 살리리라 34 내가 너희에게 이르노니 그 밤에 둘이 한 자리에 누워 있으매 하나는
데려감을 얻고 하나는 버려둠을 당할 것이요 35 두 여자가 함께 맷돌을 갈고 있으매 하나
는 데려감을 얻고 하나는 버려둠을 당할 것이니라 36 (없음) 37 그들이 대답하여 이르되 주
여 어디오니이까 이르시되 주검 있는 곳에는 독수리가 모이느니라 하시니라

마음의 문을 열며

우리가 복음을 전하면서 사람들로부터 자주 듣는 말이 있습니다. 바로 나중에 믿겠다는 말입니다. 당장 믿을 필요를 느끼지 못하는 사람들이 늘어놓는 궁색한 변명 중 하나입니다. 그들은 예수 믿는 것이 얼마나 긴박한 일인지를 잘 모릅니다. 그러나 그렇다고 해서 우리까지 구원의 긴박성을 상실한 채 방심해선 안 됩니다. 예수님의 재림의 때가 언제인지 알진 못하지만, 그 '언제'에 대해서 확실하게 준비된 사람들은 드물기 때문입니다. 흔히 사람들은 느껴지는 필요(felt need)에 대해선 긴박성을 느끼지만 진정한 필요(real need)에 대해선 안일한 태도를 보입니다. 그들은 자신이 정말 알아야 하고, 자신에게 꼭 필요한 것을 모른 채 살아갑니다. 우리의 역할은 사람들이 느끼는 필요에 현실적인 답을 하는 것이 아니라, 그들의 진정한 필요에 복음으로 답을 하는 것입니다. 그러기 위해선 우리가 먼저 하나님의 경고를 심각하게 받아들이고 이에 합당하게 준비되어야 합니다. 바라기는 주께서 다시 오시는 그날, 그들과 함께 주님 앞에 기쁨으로 설 수 있길 소원합니다.

말씀의 씨를 뿌리며

1. 예수님은 두 가지 역사적인 사건을 통해 예수 믿기를 계속 미루면 결국 구원을 놓칠 수 있다고 엄중히 경고하십니다. 다음 두 사건의 줄거리를 간략히 요약해 보십시오.

   • 노아의 홍수 심판(창세기 6:11-22) /

• 소돔과 고모라 심판(창세기 19:1-29)/

2. 이 두 사건에서 하나님의 심판이 어느 때에 임했습니까? 그 두 시대 사람들의 문제점은 무엇이었습니까?

• 27-29절/

3. 예수님은 노아 시대나 소돔 고모라 시대에 보였던 반응을 시대마다 사람들이 반복할 것이라고 경고하십니다(26, 30절). 어느 시대를 막론하고 사람들은 구원에 대해 심각하게 반응하지 않을 뿐 아니라, 하나님의 심판을 아무리 큰 소리로 외쳐도 긴박하게 듣지 않을 것이라고 말씀하십니다. 당신은 이 사실을 얼마나 공감하고 있습니까? 당신이 만나는 불신자들은 무엇에 함몰되어 살아가고 있습니까?(참조/ 디모데후서 3:1-5)

* 디모데후서 3:1-5 너는 이것을 알라 말세에 고통하는 때가 이르러 사람들이 자기를 사랑하며 돈을 사랑하며 자랑하며 교만하며 비방하며 부모를 거역하며 감사하지 아니하며 거룩하지 아니하며 무정하며 원통함을 풀지 아니하며 모함하며 절제하지 못하며 사나우며 선한 것을 좋아하지 아니하며 배신하며 조급하며 자만하며 쾌락을 사랑하기를 하나님 사랑하는 것보다 더하며 경건의 모양은 있으나 경건의 능력은 부인하니 이같은 자들에게서 네가 돌아서라경건의 보양은 있으나 경건의 능력은 부인하니 이같은 자들에게서 네가 돌아서라

4. 영적인 민감성(sensitivity)를 상실한 사람들의 안일한 생각과는 달리 성경은 구원의 긴박성에 대해 어떻게 말씀하고 있습니까?

- 고린도후서 6:2/

- 로마서 13:11/

5. 아울러 우리가 놓쳐서는 안 될 중요한 진리가 있습니다. 세상의 재물과 소유를 사랑하여 생물학적인 목숨을 유지하고자 하는 자는 결국 멸망하고 말 것이요, 반대로 세상에 소망을 두지 않고 하나님을 위해 자기 생명을 드리는 자는 영원한 생명을 얻을 것이라고 사실입니다(31-33절). 결국 선택의 문제입니다. 이것은 단순히 불신자들의 문제만은 아닐 것입니다. 이 역설적인 진리에 전도자인 당신 자신은 과연 얼마나 준비되어 있습니까?

• 10-11절/

6. 예수님의 재림을 방심하고 결국 준비되지 않은 사람들이 맞게 될 종말을 한번 그려보십시오(34-35절). 요한 웨슬리는 "우리가 올바른 양심을 가지고 있다면 우리가 살아 있는 동안 지금과 같은 영혼 구원의 기회를 외면할 수 없다"고 말합니다. 최후통첩(最後通牒)과도 같은 다음 말씀 앞에 당신이 들어야 할 하나님의 경고는 무엇입니까?

• 디모데후서 4:1-5/

7. 다음 글을 읽고 느낀 점을 이야기해 봅시다.

우리는 죽음이란 것이 나이 순서대로 오지 않음을 상식적으로 알고 있습니다. 그럼에도 불구하고 대부분의 사람들은 죽음을 남의 일처럼 생각합니다. 우리나라만 해도 2006년 한 해 교통사고 사망자가 6,327명이고, 암으로 인한 사망자는 101,757명이나 됩니다. 뿐만 아니라 지구촌 곳곳에서 날마다 사건 사고가 끊이질 않습니다. 지진과 쓰나미, 태풍, 각종

사고, 그리고 산불 재해 등 얼마나 많은 사람들이 이런 재해로 인해 한 순간에 목숨을 잃었는지 모릅니다. 그럼에도 불구하고 사람들은 죽음을 나와는 무관한 일로 생각하는 경향이 많습니다.

게다가 요즘은 나름대로 건강관리를 잘 하면 오래 살 수 있습니다. 또한 위험한 일이나 과로, 스트레스, 음주를 피하면 건강을 유지하는데 큰 도움이 됩니다. 한 마디로 우리가 주의하면 얼마든지 건강하게 살 수 있는 것입니다. 수십 년 전만해도 불치병으로 생명을 잃곤 했는데, 이제는 의학의 발전으로 생명을 연장시키는 시대가 되었습니다. 심지어 15-20년 후에는 '무병장수(無病長壽) 시대'가 올 것으로 예측할 정도입니다.

그 결과 사람들에겐 생명에 대한 자신감이 생겼습니다. 옛날에는 나의 생명이 하나님의 손에 달렸다고 고백하던 사람도, 이제는 내가 생명의 주인인 것처럼 은근히 주인의식을 내비칩니다. 그래서 예수 믿자고 하면 '내가 아직 몇 살까지는 살 수 있을 텐데 늙어서 힘이 없을 때 믿어야지' 하는 생각에 뒤로 미룹니다. 그러므로 평균 연령이 높으면 높을수록 전도하기가 무척 어려워질 것입니다. 동시에 기회를 놓쳐 영원히 구제할 수 없는 자리에 빠진 사람들도 많아질 것입니다. 우리가 이런 현실을 보면서 가슴 아파해야 합니다. 멸망을 향해 달려가는 영혼들을 바라만 보는 것이 아니라 아버지의 마음으로 잃어버린 하나님의 양을 찾아 나서야 합니다.

삶의 열매를 거두며

우리 주변에도 잘못하면 기회를 완전히 놓칠 위험에 있는 사람들이 많이 있을 것입니다. 언제 그들에게 종말이 임할는지 모르는데 언제까지 그대로 두시겠습니까? 우리에겐 내일이 없습니다. 오늘만이 내 날입니다. 문제는 그들의 완악함이 아니라 우리의 침묵에 있다는 사실입니다. 다시 한 번 우리가 전하는 "예수" 한 마디 때문에 그 어두운 영혼에 하늘 빛이 비치는 날이 오리라는 소망을 가집시다. 끝까지 포기하지 말고 눈물 어린 가슴으로 다시 한번 태신자들과 접촉해 봅시다.

요한복음 12:20-33

5. 죽고자 하면 삽니다

20 명절에 예배하러 올라온 사람 중에 헬라인 몇이 있는데 21 그들이 갈릴리 벳새다 사람
빌립에게 가서 청하여 이르되 선생이여 우리가 예수를 뵈옵고자 하나이다 하니 22 빌립이
안드레에게 가서 말하고 안드레와 빌립이 예수께 가서 여쭈니 23 예수께서 대답하여 이르
시되 인자가 영광을 얻을 때가 왔도다 24 내가 진실로 진실로 너희에게 이르노니 한 알의
밀이 땅에 떨어져 죽지 아니하면 한 알 그대로 있고 죽으면 많은 열매를 맺느니라 25 자기
의 생명을 사랑하는 자는 잃어버릴 것이요 이 세상에서 자기의 생명을 미워하는 자는 영생
하도록 보전하리라 26 사람이 나를 섬기려면 나를 따르라 나 있는 곳에 나를 섬기는 자도
거기 있으리니 사람이 나를 섬기면 내 아버지께서 그를 귀히 여기시리라 27 지금 내 마음
이 괴로우니 무슨 말을 하리요 아버지여 나를 구원하여 이 때를 면하게 하여 주옵소서 그
러나 내가 이를 위하여 이 때에 왔나이다 28 아버지여, 아버지의 이름을 영광스럽게 하옵소
서 하시니 이에 하늘에서 소리가 나서 이르되 내가 이미 영광스럽게 하였고 또다시 영광스
럽게 하리라 하시니 29 곁에 서서 들은 무리는 천둥이 울었다고도 하며 또 어떤 이들은 천
사가 그에게 말하였다고도 하니 30 예수께서 대답하여 이르시되 이 소리가 난 것은 나를
위한 것이 아니요 너희를 위한 것이니라 31 이제 이 세상에 대한 심판이 이르렀으니 이 세
상의 임금이 쫓겨나리라 32 내가 땅에서 들리면 모든 사람을 내게로 이끌겠노라 하시니 33
이렇게 말씀하심은 자기가 어떠한 죽음으로 죽을 것을 보이심이러라

마음의 문을 열며

예수님은 유월절을 지키려고 예루살렘에 모인 군중들을 앞에 놓고, 특히 자신이 예루살렘에 입성할 때 "호산나 이스라엘 왕이여!" 하며 환호하던 그 군중들을 앞에 놓고 비장한 말씀을 하셨습니다. "사람이 나를 섬기려면 나를 따르라!" 실로 듣는 우리로 긴장감에 휩싸이게 하는 말씀입니다. 우리는 자주 이 말씀으로 우리 자신을 점검해야 합니다. 만일 나의 가정과 직업, 재능, 젊음, 재물이 세상을 구원하는 일에 직간접으로 사용되고 있다면 주님을 따르는 삶이라 할 수 있습니다. 그러나 세상을 구원하는 일과는 별로 관계없는 삶을 살고 있거나, 세상을 구원하시려는 하나님의 뜻을 이루기 위해 예수님처럼 종 되길 싫어한다면 주님을 따르지 않는 삶인 것입니다. 주님은 영혼을 구원하기 위해 전 인생을 투신하셨습니다. 돋보기로 태양열을 모아서 한 곳에 집중적으로 비추면 종이가 타는 것처럼 주님은 구령열로 평생 자신의 온몸을 비추면서 결국 십자가 제단 위에 자신을 불태우셨습니다. 대각성전도집회를 앞두고, 죽고자 하면 사는 역설의 원리를 체험하면서 우리가 품은 태신자들이 생명의 길로 인도받길 간절히 소원합니다.

말씀의 씨를 뿌리며

1. 유월절을 지키기 위해 예루살렘에 온 헬라 사람들이 예수님과의 만남을 청해 오자, 흥분된 어조로 말씀하신 주님의 첫 번째 선언은 무엇입니까? 몇 명의 헬라 사람들이 자신을 만나러 온 것이 어떤 의미가 있기에 이런 말씀을 하신 걸까요?
   - 23절 /

2. 헬라 사람들의 면회 요청은 단순한 사건이 아니었습니다. 헬라인은 유대인을 제외한 모든 인류의 대표로 그들의 방문은 머지 않아 모든 족속에게 구원의 문이 활짝 열리게 될 것을 예견하는 사건이었습니다. 그만큼 주님의 관심이 어디를 향하고 있음을 알 수 있습니까?(참조/요한복음 6:38-39; 마태복음 18:14)

* 요한복음 6:38-39 내가 하늘에서 내려온 것은 내 뜻을 행하려 함이 아니요 나를 보내신 이의 뜻을 행하려 함이니라 나를 보내신 이의 뜻은 내게 주신 자 중에 내가 하나도 잃어버리지 아니하고 마지막 날에 다시 살리는 이것이니라/마태복음 18:14 이와 같이 이 작은 자 중의 하나라도 잃는 것은 하늘에 계신 너희 아버지의 뜻이 아니니라

3. 예수님 당시 유대 나라에서는 보리보다 밀을 많이 재배하고 있었습니다. 그래서 주님은 누구나 알아들을 수 있는 썩는 밀알의 비유를 가지고 자기를 따르는 것이 어떤 의미인지를 설명하셨습니다. 한 알의 썩어지는 밀알이 된다는 것은 구체적으로 무엇을 의미합니까?

- 25절/

- 마가복음 8:34 /

4. 또한 주님은 "사람이 나를 섬기려면 나를 따르라"고 말씀합니다(26절). 여기에서 '섬긴다'는 말은 헬라어로 '집사가 되다'(diakoneo)로, 집사는 시중을 드는 종을 가리킵니다. 시종일관 종의 삶을 사셨던 예수님(누가복음 22:27), 그리고 종으로서 죽기까지 순종하신 예수님(빌립보서 2:7-8)은 더 나아가 자기를 따르는 우리에게도 종이 될 것을 요구하십니다. 그렇다면 우리의 삶이 어떻게 하면 주님을 섬기는 삶이 될 수 있겠습니까? 이 명령 앞에 당신은 무엇이라고 대답하시겠습니까?

5. 주님은 우리에게 자기를 따르는 길은 한 가지 밖에 없다고 말씀하십니다. 그것은 내가 죽는 것입니다. 나의 뜻, 나의 꿈, 나의 욕심, 나의 고집, 그 무엇이든지 주님의 뜻에 반하는 것은 다 죽어야 한다는 것입니다. 더 높은 생의 기쁨을 위해 땅에 속한 것을 포기하라는 것입니다. 하나님께 집중하기 위해 나의 모든 것을 부인하라는 것입니다. 주님이 기뻐하시면 자기 목숨까지라도 내놓을 수 있어야 한다는 것입니다. 주님의 영광을 위해 내 영광을 버리라는 것입니다. 이를 위해 단순히 일회성 다짐이 아닌 평생 붙잡고 살아갈 각오와 계획을 적고 나누어 보십시오.

6. 이처럼 예수님을 섬기기 위해 종이 되고 썩는 밀알이 되고자 하는 자에게 주님이 약속하신 두 가지 보상은 무엇입니까?(참조/요한복음 17:24)

- 26절/

* 요한복음 17:24 아버지여 내게 주신 자도 나 있는 곳에 나와 함께 있어 아버지께서 창세 전부터 나를 사랑하시므로 내게 주신 나의 영광을 그들로 보게 하시기를 원하옵나이다

7. 다음 글을 읽고 느낀 점을 이야기해 봅시다.

영국의 '캠브리지 7인' 이자 WEC선교회의 창시자로 알려진 C. T. 스터드는 위대한 선교사로서 모든 세대에 많은 감동을 주고 있습니다. 스터드는 무디로부터 전도를 받고 예수를 믿게 된 아버지의 영향으로 예수를 영접하게 되었는데, 그 후 그의 삶은 놀랍게 변했습니다. 세상을 구원하기 위해 복음을 전하는 일보다 더 보람된 일은 없다는 것을 깨닫고, 이 일에 자기의 젊음을 바치고자 선교사가 되어 중국으로 건너간 것입니다. 그러던 중 그의 아버지가 세상을 떠나게 되자, 그는 3만 파운드가 넘는 유산 전부를 무디성경학교와 조지 뮬러의 고아원, 허드슨 테일러의 선교 단체에 헌금했습니다.

그는 중국에서 만나 결혼하게 된 아내와 함께 중국에서 18년 동안을 선교사로 헌신했으며, 이후 6년 동안을 인도에서 선교사로 사역했습니다. 이렇게 장기간 자기 몸을 돌보지 않고 선교를 하다 부부가 모두 중한 병을 얻게 되었습니다. 그래서 그들은 요양 차 영국으로 귀국했는데, 어느 날 한 집회에 참석했다가 그곳에 붙어 있던 포스터를 보고 적지 않은

충격을 받았습니다. 그 포스터에는 이런 글귀가 적혀 있었습니다. "식인종이 선교사를 기다립니다!" 당시 그는 천식으로 15년 동안을 고생해온 터라 몸이 몹시 허약해져 있었습니다. 게다가 나이도 벌써 50을 넘어서고 있었습니다. 하지만 하나님께서 자기를 아프리카 선교사로 부르신다는 확신을 꺾을 수가 없었습니다.

그는 만류하는 아내에게 이렇게 말했다고 합니다. "천식으로 인해 지난 15년 동안 겪은 고통을 어떻게 말로 다 설명할 수 있겠소? 밤낮을 가리지 않고 찾아오는 고통은 죽음의 고통이나 다를 바 없었소. 왜 내게 이제는 쉬고 싶다는 유혹이 없겠소? 그러나 그리스도를 위해 나는 잠시라도 쉴 수가 없소."

그는 병든 아내를 영국에 남겨둔 채 아프리카 수단으로 떠났습니다. 그것은 목숨을 거는 도박이나 다름없었습니다. 그러나 그는 마가복음 8장 35절 말씀을 굳게 붙잡았습니다. "누구든지 나와 복음을 위하여 제 목숨을 잃으면 구원하리라." 그는 70세가 되기까지 무려 20년 동안을 아프리카 선교에 헌신하며 수많은 영혼을 구원했습니다. 그는 아프리카에서 영국에 있는 아내에게 이런 편지를 썼습니다. "사랑하는 이여, 예수님께 가서 그분께 당신을 드리시오. 그러면 나와 함께 세계를 돌며 수많은 사람들을 주님께로 인도할 수 있을 것이오. 예수님을 믿는 믿음 외에 나와 당신이 살아야 할 다른 길은 없다오."

삶의 열매를 거두며

우리는 예수를 위해 죽도록 충성해야 하는 종입니다. 우리가 주부이든, 학생이든, 직장인이든 상관 없이 우리는 이 세상을 구원하는 귀한 일에 쓰임 받는 종이 될 수 있습니다. 한 번밖에 없는 우리 인생입니다. 함부로 살다가 그만둘 인생이 아닙니다. 지금이라도 늦지 않습니다. 우리의 젊음과 지식, 재물, 시간, 이 모든 것들을 세상을 구원하는 일에 사용합시다. 오늘은 각자가 인도할 영혼들을 최종적으로 점검하고, 대각성전도집회와 태신자들을 위해 합심해서 기도합시다.